ALBA

Xaviera Ringeling

ALBA

EL OJO DE LA CULTURA

Publicado por primera vez
en Londres, Reino Unido el 2019

Derechos exclusivos de *Xaviera Ringeling*

Editado por
EL OJO DE LA CULTURA
elojodelacultura@gmail.com
Tel. +44 74 2523 6501
London, UK

ISBN-13: 978-1692183691

Prohibida la reproducción total o parcial de esta obra sin autorización expresa del autor o editores. Todos los derechos reservados.

Diseño portada: Xaviera Ringeling
Ilustración: Daniela Valentini

Impreso en el Reino Unido por
Seacourt Planet Positive Printing
www.seacourt.net

Este libro ha sido impreso en papel 100% reciclado usando cero agua en una fábrica que usa 100% energía renovable, produciendo cero desechos y teniendo un efecto positivo en la reducción del cambio climático.

A mi familia.
Por nuevos tiempos de luz
y un alba compartida.

dicen que los sueños se guardan más allá
                                        y más allá aún

tal vez en la línea que separa el cielo de la tierra

la larga noche de la ausencia
más de veinte años bajo la superficie
palpitando palpitando palpitando bebiendo de sí
dividiendo la ameba de un alma sin esquinas

hasta que el sol rompa
a su paso el cascarón del horizonte
hasta que su luz
desnude los jardines del verso

ahora estridente irreversible: el alba

es un asunto con alas
un asunto que cifra el aeronauta

y los recovecos donde se escondían los peces
son ahora praderas abiertas

desde las cuales la tierra dispara sus pájaros

Alba

Alef

todo el espacio del mar
debajo de mi lengua
el amor un verbo

como en el oscuro
infinito de la nada
no hay miedo

el amor es un verbo sin acto
no hay número
no hay duración

todas las voces sumergidas
en la primera

el amor es un verbo
los referentes se pierden
en el azul inabarcable del océano

se llenan los pulmones de estrellas

y somos distancia
carente de dimensión
desde aquí

hasta todas partes

el espacio se está generando en esta pieza

el silencio agudiza el latido y su ritmo
es el eco de dos mil tambores ancestrales
cantos de corazones húmedos abiertos

y en las horas por venir
se quebrará el cascarón en torno a esta cabeza
volveré a empezar a surgir desde esta grieta

Amanecerá

Laberintos

lágrimas geométricas
a esta hora angustia y número

otros antes de mí mojaban en alcohol
las esquinas del dígito

pero yo tengo secas ecuaciones y restas
y las comparaciones y las comparaciones

menor a mayor que igual al infinito
multiplicado por el dolor del cálculo

y sus laberintos

Efugio

por el agujero
largo del deber

una ínfima

bocanada

de oxígeno

una pálida

ave furtiva

aún existo
aún estoy aquí

llevo ocho años tratando
de levantar la cabeza del charco

cada vez que estiro el cuello
cada vez que veo una ruta por encima
del agua sucia y el polvo que acumulo cada día

me expongo al golpe de las rocas
que ruedan sueltas por la calle

hoy me laceró la frente una piedra
blanca y verde de bordes suaves

de nuevo estoy manchando el charco con mi sangre
alimentando malignos insectos acuáticos
que cuentan la historia de cada uno de mis fracasos

no me queda más que sanar desde la mugre
desde mi posa de lágrimas añejas
sanar desde cada una de mis pequeñas ruinas

y volver a estirar el cuello
mañana

lo peor es la espera
cuatro siete y cien veces contra la pared

cuatro siete y cien veces esperando sentir el filo
el filo del puñal sobre la superficie de
mi espalda donde apenas
apenas se asoman dos adolescentes alas

y hay hadas de las cuales no puedo deshacerme
deshacerme de aguardar el alivio
del viento marino no puedo
cuatro siete y cien veces pensado: todavía es posible

cuatro siete y cien veces contra la pared
lo peor es la espera

hay lagunas donde van a ahogarse
todos los pasos que no he dado

hay cisnes que doblan sus cuellos negros
para rescatar ajadas ilusiones entre las algas

hay doscientos singulares silencios
ausencia de ser
               y profundidades carentes de eco

en qué brete te metes hoy como ayer
como desde siempre

y sin embargo es optimista
el devenir sanguíneo
de tus labios

delicada tu carencia de ser

como la paloma perdida
que te acontece

el frágil balance
mi escarabajo equilibrista
el frágil balance de existir

hoy pienso en la muerte
y pienso

qué tal si fuera verde
verde entera
en los huesos verde
verde entre vena y vena

qué tal si en mí hubiere
grieta donde pasara
perentorio el tiempo

ese tiempo remoto tras las cosas
ese oscuro tiempo de las galaxias lejanas

qué tal si fuera aquel vacío eterno
anterior a la primera explosión

A mar

uno llega a mar
por accidente
por mala o buena suerte
y entre las olas se queda
y entre las olas se ahoga
y entre las olas pega un grito
que dibuja para siempre la línea de un horizonte

de un imposible permanente

por los siglos
de los siglos
revolcándonos
estirando los brazos
revolcándonos

Amén

Viva

irrisoria irresolublemente
en medio de la noche

sobre las ruedas de un avanzar
dudosamente poético

y sin embargo

Viva

radicalmente
antes de que me amanezca

basta la unicalísima lágrima auténtica
la sobrecogedora miseria del instante
la apertura misma hacia lo visible de la nada

belleza

te sucede de pronto
te sorprende desnuda torpe
con una promesa azul en el horizonte

o el rostro de algún dios
que te sostuvo/sostiene

más allá de templos y certezas

oh mi nombre
mi verdadero nombre

todo el espacio

todo el espacio de tu silencio rítmico
de diez mil tambores nocturnos

sin registro en las embajadas
ni sintaxis legible

eres una gran ola
que espera

desbordarse/desbordarme
en un baile o en un beso

que no son lo mismo
pero son iguales

Superurbe

costa sin playa
costa de asfalto

agua sin azul ni vida ni dioses
tierra dividida violada marchita

donde los edificios rasguñan el cielo
y las luces asesinan las estrellas

el sol deja tras de sí los destellos de la urbe
con los que negamos   ésta
y cada una de nuestras interiores

Noches

lámparas de protección ante lo

Profundo

tocamos bocinas contra todo silencio posible
que nos permita escuchar iletrados bramidos

 Subterráneos

abrimos / cerramos ojos frenéticamente
intentos vagos de dar con menudos conocimientos
vagas persuasiones que no sanan del

Horror

y lo oscuro subyace

              hondamente nos late

    y   la   Noche

envuelve nuestros espacios de luz artificial

Santiago

marea y rumor
materia voraz
movimiento

aceleración y escape continuo
de perseguir-perseguirnos
teniendo tanta hambre

una bestia respirando
a los pies de los montes
ensuciándose reproduciéndose
ahondando en sí

si no fuera por esta tierra
que sangra y la retiene
esta tierra que se abre
y le da de beber de su herida

iría a reventar contra todos los muros
y llovería cemento en la cuenca
cubriendo de gris su corona de cerros

hay algo lánguido gris en el verde de estos ojos
que me devuelven la mirada desde el espejo
el reflejo extraña ser el propio
se pierde en montañas de cemento

tengo la ciudad enterrada en la garganta
expiro humo
expiro un vaho seco que me sabe a sangre
senderos en llamas

mañanas sin pájaros en la ventana

somos de un mareo santo
de una soledad negada entre vasos y un ritmo sordo
la sonrisa parece sincera en nuestros labios
la sangre se diluye se aliviana en nuestras venas

olvidamos

conjuramos: felices felices felices

soñamos amarillos violentos
piernas distantes una de la otra

soñamos bailes insólitos oscuros
donde la sangre se vierte se mezcla se bebe

los días se sumergen bajo los sueños
y los sueños nos cavan pequeños
imperceptibles agujeros en la cordura

de pronto   despiertos
en irreprensibles departamentos blancos

aullamos de gusto

Humanos

somos algo
aunque insondables inconcretos
somos algo

interiormente ajado

        humo y mano

somos algo grave y liviano

depende del clima del tráfico de la concentración
de litio de la programación del cable
un queriendo queriendo queriendo
queriéndonos poco

pero de profundidades cósmicas
de enormes oscuridades subterráneas

caemos de algún vientre
y seguimos cayendo

Teclados

se multiplica el espacio de la ausencia

lo que me atraviesa espera
a la orilla de mis ojos

como un río que acumula sus aguas
detrás de una frágil represa

esta noche será demasiado larga
injustamente espesa en el bar

el pronóstico es humo
y el estruendo de una mala banda
de músicos ajados sin canciones propias

no somos esto

ni el rol que jugamos
engranaje del mercado

no somos esto

creer creer creer creer crear
bailar para recordar

solíamos ser
ahora vamos vamos y vamos
volvamos

la civilización se triza con un baile
los trenes arden en llamas con un baile
los edificios se derriten con un baile

el comienzo

el fin

la esfera baila

Dios es un ritmo irresistible

parto por cerrar los ojos
y abrir alguna otra puerta

me llaman los bosques a esta hora
me llaman por mi verdadero nombre

no hay palabras en los bosques
sólo el grito

no hay conceptos en los bosques
sólo el grito

el grito es una ventana sin marco
el grito te atraviesa y te destruye la idea

es un río sin caudal
que barre a su paso el pensamiento

si pudiera encontrar el bosque
que aún vive en esta cuenca

aquel fénix vegetal sobreviviendo en las
esquinas de algún valle furtivo

sería puramente grito
puramente silencio

puramente secreto
y transparencia

a veces damos pasos que rompen
los delgados filamentos del cielo

la piel nos arde contra el viento mientras
el cemento se esconde bajo la hierba

sin rumbo

a veces damos pasos que agrietan
la luz tenue de la tarde

el musgo nos sube por los tobillos y las
aves anidan en la hendidura de nuestros ojos

sin rumbo

a veces caminamos en círculos
hacia el centro

el follaje crece a nuestras espaldas
y la cordillera se colma de nieve

sin rumbo

a veces damos pasos que doblan
el orden invisible del tiempo

sobre el rumor en inglés y coreano
mi música como una isla personal
como mi-propia-habitación-mental
subo el volumen
el café es una película sorda que sucede lejos
podría bailar en medio de todo
podría tocar invisibles baterías en el aire
y escapar lenta y solublemente por
los agujeros del mosquitero en la ventana

la bruma se disipa
y vemos el contorno suave de un camino posible:

Lakoff y Johnson y su ventilador conceptual

disipando verdades ciertas e inciertas
conceptos cuadrados o carentes de forma
mundos matemáticamente ordenados
o incoherentemente bucólicos

y en el espacio entremedio

experiencia y vida
razón imaginativa

metáfora
filosofía poética creativa

luciérnagas azules

la noche y su sonrisa
de vapor y luces

distantes nos perdemos
en un mar de redes detrás de los ojos

distantes nos perdemos
en la bruma celeste de algún recuerdo

y no vemos lo que calla la noche en
su bullicio de información irrelevante

íbamos ellos cortando el aire
con una luz enjaulada en las costillas

un si-es-que transparente
o la última batería del alba

el viento del norte
les congelaba las lágrimas
sobre las mejillas

y los copos caían
sobre el cemento

aquietando los espasmos
frenéticos de la urbe

galopa el invierno por las avenidas de Boston
como una navaja en la punta del viento

es mi primer invierno en el norte
y vaya qué invierno

los grados bajo cero arden en la piel
que toca apenas la luz de un sol siempre lejano
puro brillo sin calidez

pero mi casa es tibia
aquí envolvemos nuestra desnudez con sábanas lila

hay en este espacio una sonrisa invisible
que anida tras los objetos

hay ternura en las esquinas
donde hemos sacudido el polvo

el vértigo está en la forma
es un principio geométrico
una fórmula en caída libre
o un abismo numérico

hay espacios de valentía
en cada esquina

en cada recoveco de la sombra
que envuelve la ciudad

hay voces y lágrimas y abrazos
opciones por el ser ante la nada

hay espacios de dicha
y de profundo orgullo celular

hay amor en los rincones sucios
y en la línea del tren que ya no pasa

Anonimato

un vértigo de infinitas ventanas iluminadas
100 mil vidas son apenas el movimiento
de oscuras siluetas   allá
vaya espejos
el ímpetu del número
hace inconmovible y compartida
nuestra pedernal insignificancia

hay puentes de pecho a pecho
que quisiera pero no puedo erguir sola
quédame tan solo el deseo

y los brazos abiertos

las armas blancas del tiempo
atraviesan la piel

son silenciosos cuchillos
que hieren sin la advertencia del dolor

sería en vano intentar un escape a estas horas

tomar sigilosamente un lápiz y rayar
un garabato redentor sobre las sábanas

abrir la ventana
alguna ventana
cualquier ventana

pero el verso es prestado
las horas son prestadas
la ventana es prestada

me queda solo el agua contra las paredes de mi cara
y el ruego inútil de un crédito a la nada

es la música de los días que pasan
el llanto que cae migaja a migaja

es el caminar de los cuerpos quietos
cuando el mundo gira por la cima del viento

en el rostro se nos van dibujando las líneas del dolor
una belleza que no aparece en los carteles

es el latido que resbala del pecho no aún
atado mal en un nudo de cordeles

son los diminutos engranajes del vacío
o la sonrisa irónica del tiempo

Seremos los que alguna vez

los que alguna vez bailando vimos el amanecer
y empalagamos la ilusión
                         hasta la última consecuencia
para batirnos a duelo con el albur de nuestro tiempo

seremos todavía enfrente de innumerables pantallas
los que alguna vez nos llenamos
                         la boca de canciones
y caminamos por la fina senda de lo improbable

seremos todavía en micros y trenes y automóviles
los que alguna vez surcamos ciudades
                         a campo abierto
tajando senderos nuevos sobre el concreto

los que alguna vez despegamos sin motor
los que dimos saltos al abismo
y rasguñamos un poema sobre el pupitre

los desgarradores acordes de la belleza

esa playa abierta
mis pasos hacia atrás
la vida como una canción triste
terrible hermosa terrible

mis pasos hacia adentro
y el agua
toda el agua

vuelvo los ojos
los trazos del minuto doloridos
el espacio desplegado
todo el espacio

mi primer poema
mis hombros desnudos
mi primer par de alas invisibles
la lluvia cómplice
toda la lluvia

y esa playa como un aeroplano
y esas olas gritos míos
mi propia tormenta
toda mi tormenta

Tuve alguna vez

un balcón sobre Santiago
y en aquel balcón un huerto
pequeños tomates
y papas en macetas
hierbas y flores

se murieron muchas frente al sol poniente
como los gusanos de mi compostera
se chamuscaron acaloradas en tardes
de interminables atardeceres furiosos

abajo
el grosor de la carne
más abajo
tras el vértigo y más
    hondo aún
el lamento celular
su insólita belleza
abajo
más abajo
amor genético

el recuerdo de Dios

nítidos aunque apenas los satélites
mariposas de metal o pura magia intestina

comienzo y fin como uno
el vuelo brillante de lo finito

la tarde se llena de oxígeno
bocanadas de aire
violentas notas de azul en el cielo
hierba fresca
el eco húmedo de la última tormenta

pasos en el aire

la rueda se ha roto
somos de pronto livianos
     de pronto alíferos

somos el mecanismo
interno del reloj

nos anudamos
y desanudamos

somos las horas
que se marcan en nuestro pecho

estamos aquí

hubo un momento en el sombrío añil
en que fui

todo lo que puedo ser
contra la humedad y la incertidumbre

hace un año y más
criaturas emergiendo del monte

en la tierra donde por vez
primera vi la luz

el temor afilando las esquinas del coraje
la determinación y la magia

una amistad de paréntesis
y nuestra pequeña misión imposible

en esa última franja
donde la sangre se quema junto al monte

todavía escucho el llamado al fondo del camino

todavía sueño hornos de greda
con ese fuego que quema lento

Florencia

garganta de acrílico
silueta del espacio baldío

anochecida tu resolución disipada
    tu sol poniente
        tu cintura bruñida

ave del nocturno temor
de suaves tiritantes esperanzas

todas mis lágrimas mojan
tu voz

sordos de Elle

podríamos sólo rodar la piedra
llenarnos las rodillas de escaras podríamos

suma
simple suma y resta

suma sin música de fondo
suma sin elegía en la grieta

recuerdo:

Pangea

fusión y fuga

Madre

lo que perdura

es fuego y furia

Raíces

lo que perdura

vertiginoso en la cima de sí es:

Cambio

voy siguiendo el sol
voy detrás de él
el día se estira
sobre la aeronave
anochece a destiempo
desde este punto
que es desigual
a cualquier otro
y en continua fluctuación
una cosa
otra
un amor o desamor
o aquel
el amor es soluble
es el infinito silencio en que
se hunden lentamente
las galaxias
es el espacio que queda
sin recorrer
por los electrones
ese hueco
ese hueco
no desigual al todo
el amor que siento
se expande
y estuvo aquí
antes de mí
el amor que siento
me expande
sin nombre
pero aún el verde
en sus ojos

me retiene
corpórea
sanguínea
surcando el cielo
siguiendo el sol
detrás de él

resbala el horizonte: el mismo sol
padre de metal y roca
mi astronauta valeroso te sigue

nave en llamas

fractura la superficie de la atmósfera
y se dirige en velocidad constante
a una colisión espectacular

sin fisura sin mácula

el ocaso –la primera luz y la última
diferentes solo en dirección– el principio

en precipicios de ceniza y polvo
y los bosques que cultivamos
a la orilla de la espina dorsal
eres breve mariposa

entre la inspiración y la exhalación
espacio-tiempo de ser y nada
detenidos instantáneamente en ti

apareces y te desapareces
y es como si ya hubieses partido
pero palpitas solo aún

cielos perfectos desde la aeronave
y el precipicio con su color y su furia anaranjada
hundiéndose azul continuamente

se parece al abismo
que llevas en la circunferencia
de los ojos

eres el universo
insignificante en tu totalidad de rueda
completa en tu finitud de libélula

aeronauta sigilosa
nube de metal
remolino de tiempo y sangre
ángel engendrado en acuosas sinapsis

el ocaso –la primera luz y la última
diferentes solo en dirección– el principio

Dónde mi tierra

en mitad de un océano de plata
entre 117 corrientes

y las ballenas que devoran mis fantasías
o la memoria del dolor

ahora el atardecer sobre Santiago palpita
en mi sangre vía mi retina detrás de mi reflejo

y soy trasparente transición
doble sobre la hoja

el atardecer me retiene
persecución

abajo: los Andes
cada montaña es un espíritu

Ahora

qué diferencia hace
si en esta vuelta de la ola tengo lo que quise

la diferencia está tan solo en abrir los ojos
y los ojos del plexo solar

Ahora

como la pasta del bolígrafo
resbala suave sobre la hoja

como el ala de la aeronave
devela una a una las luces
de un Santiago ajeno y mío

como retiene en su cuenca
relatos de un amor aéreo

y se ve lindo y dorado
con el brusco aterrizaje y el temblor

y en este minuto también soy
todo lo que puedo ser

amor y movimiento
el espacio infinito de mi tiempo

te desprendes desde
ese oscuro abismo en la cola de ti

y todo lo que fue
todo lo que ya no necesitas

atrás en el agua

te despides
mientras el nombre fluye

tu reflejo se hunde en el paisaje
el día comienza continuamente

Aurora-Alba mi Amanecer

siento eres hija mía
ya aún y siempre

Aurora-Alba mi Amanecer
siento serás mi hija
alas de plata

todo mi amor se curva
en la rueda del infinito
acontecer de tu tiempo
y en el porvenir alado de tus ojos
que podrían ser verdes o no

Aurora – Alba mi amanecer
por vez primera te sueño
imagino nombro
de mi vientre u otro
hija mía mi sangre
seré y serás cuna

todo mi amor se expande
desde ahora
hasta el todo inabarcable que eres
Alba luciérnaga y posibilidad

Alba-Aurora mi Amanecer

los sueños están más acá
                               y más acá aún

van a morir a la línea que separa el cielo de la tierra